Ta książeczka należy do...

____

____

Lustereczko powiedz proszę,
Kto się chowa w samochodzie?

Mały pająk ośmionogi,
Co chce zwiedzić świat szeroki.

Wiosna Lato

Jesień Zima

Nic pajączka
nie zatrzyma.

Pajęczynka pozrywana?
Bez problemu załatana!

A gdy wiatr ubranka chwyta...

To wystarczy już na dzisiaj!

Czas na obiad!
Lecz któż to tam?!

Mucha!
Skoczek!!
Biedronka!!!

Cóż za traf!
Już mi
milej!

On nas zje!
...Lecz poczekaj chwilę!?

Krzesła **cztery** są przy stole!
To zaproszenie na **przygodę!**
Vegetarian Meals for Arachnid

Zobaczymy cały świat!
Błękit morza, górski szlak!

Wielkie miasta
błyskotliwe!
I spędzimy w
lesie chwile!

Lustereczko powiedz proszę,
Kto się chowa w samochdzie?

Pająk i Przyjaciół moc,
W planach mają ...
SAMOLOT !?

Interesujące fakty o pajączkach

Jedwab pajęczy jest mocniejszy od stali i wszystkie pająki potrafią prząść jedwab

Pająki potrafią chodzić po ścianach i suficie, a niektóre nawet skakać

Pająki mogą mieć nawet do 8 oczu!

Istnieje „wegetariański" pająk o nazwie Bagheera Kiplingi, występujący w Ameryce Środkowej

Nie wszystkie pająki budują sieci, a niektóre żyją pod wodą

Krew pająka jest niebieska

Są różne rodzaje pająków: Krzyżaki, Kwietniki, Kątniki, Nasoszniki, Wodniki i również Strojnisie.

Reggie to pająk ...Wyjątkowy!

Dla moich synów, Jack i James.

Notatka Autora:

Ta historia zrodziła się z ciekawej, małej tajemnicy: bez względu na to, jak często czyściłam pajęczyny z lusterka wstecznego samochodu, zawsze pojawiały się ponownie w ciągu nocy - delikatne, stanowcze i świeżo utkane. Pewnego dnia, podczas jazdy, w końcu dostrzegłam małego winowajcę, który trzymał się swojej lśniącej nici, kołysząc się delikatnie na wietrze. Ta chwila zrodziła pomysł na Reggiego - malutkiego pajączka z marzeniami tak ogromnymi jak świat i przyjaciółmi, którzy widzą więcej niż tylko powieżchowne wrażenie.

Przygoda często zaczyna się w najbardziej nieoczekiwanych miejscach, i nawet najmniejsze stworzenia niosą ze sobą wielką historię.

Wydawnictwo The Ink Tales
Watford, Herfordshire, Wielka Brytania
Autor © Ewa Kowalska 2026. Ilustrator © Olga Sall 2026.
Redaktor: Ewa Kowalska

ISBN 9781919421933 (paperback)
ISBN 9781919421919 (hardcover)
ISBN 9781919421902 (ebook)

ISBN 9781919421957 (oprawa miękka)
ISBN 9781919421926 (oprawa twarda)
ISBN 9781919421940 (oprawa elektroniczna)